穿越歷史
遊灣區

中山·珠海

十字洋開，商貿匯流

U0109107

小白楊工作室 / 策劃

陳萬雄 / 主編　劉集民 / 編撰

中華教育

序　舊邦新命的大灣區

以珠江三角洲為核心的「大灣區」，從地理範圍以至歷史文化，與「珠三角地區」、「廣府地區」、「嶺南地區」相差不遠。「大灣區」這張新名片，其實是歷史文化悠久的「舊邦」，是國家發展宏圖而賦予新的使命。

追溯幾千年的中國歷史進程，或者從世界文明史的角度，「嶺南地區」、「廣府地區」、「珠三角地區」，在推動歷史的發展、文明的創造，一直擔當過重要的角色。以珠三角洲為核心的「嶺南文化」，乃中國「一體多元」的民族和文化結構體系的重要一元。但長久以來，普遍視之為中土的邊陲地區，屬邊緣文化。這樣的認識既不完整，也不充分，更不能從「嶺南地區」、「廣府地區」、「珠三角地區」歷史文化的本身，去說明它在建構中國歷史文明上曾起過的重大作用。

先秦時代的「嶺南」，也稱為「南越地區」，是一個大區域概念，包括了現在廣東、廣西和越南北部等地方。《呂氏春秋》統稱在其地的族羣為「百越」。「百越」各族羣在四五千年前，就先後建立了許多方國。其中以今日廣州為中心的地區稱為「番禺」。進入戰國時期，嶺南地區新崛起了「西甌」與「南越」兩個方國，逐漸吞併其他細小的方國，佔據了整個嶺南地區。

秦始皇統一六國之後，在始皇二十八年（公元前 219 年），派大將屠睢、任囂、趙佗率兵南征嶺南。及後於公元前 214 年，將整

個嶺南地區納入秦朝的版圖，並設置了桂林郡、象郡和南海郡，奠定了今日嶺南的基本範圍。公元前 209 年，中原爆發反秦起義，南海郡尉趙佗乘秦亡之際，封關絕道，兼併嶺南三郡而建立了南越國。南越國作為一個地方政權長達九十多年，到西漢漢武帝才重歸中央政府的管轄。自此，嶺南地區一直納入中央王朝直接的管轄區域。

　　早在東漢起，每逢中原喪亂，中原居民就會大量南遷，輾轉流寓於珠三角洲。珠三角洲逐漸發展成為漢族居民為主體的地區。人口大量增加之外，也帶動了珠三角洲地區的經濟發展，文化教育進步，並與當地本土文化風俗進一步融合，逐漸形成自成特色的嶺南文化。唐以後，中國發展中心南移，嶺南地區尤其珠三角地區，在中國歷史的發展中顯得愈益重要。

　　隨着近世世界海航的打開，洲際貿易開通。珠三角洲地區成為了中國最早與世界海洋交通和洲際商貿的前沿地區。由於洲際貿易的開通，文化交流也日漸頻密起來。在珠三角地區，我們仍不難見到其間留下的物質與非物質的文化交流的遺跡，是洲際文化交流的實物證據，也成為中國與世界的珍貴文化遺產。

　　19 世紀，面對西歐工業化而啟動的近代化和帝國主義向外侵略的大潮，珠三角洲也是中國最早受到侵略與最早步趨近代化的地區。在這樣的世界大歷史背景下，珠三角洲地區在近百多年中國歷

史變革運動中，一直擔當了重要的角色，從而影響了全國歷史的發展。

到了 1970 年代、1980 年代，中國開始對外開放，實行四個現代化，珠三角洲再次成為了中國開放的先驅與推動現代化的前沿地區。在短短幾十年間，創造了人類歷史與文明發展的一個奇跡，至今仍方興未艾。

以上簡單的素描，旨在指出「嶺南地區」、「珠三角洲」、「大灣區」，是認識中國歷史文化以至人類世界文明的發展，不可忽略的地區。

嶺南文化，承襲中原文化之精粹，融和本土之根本，廣納四海之新風，融匯昇華，自成體系；並以多元、務實、開放、兼容、創新等特點，在中華文化之林獨樹一幟，是中華民族燦爛文化中最具特色和活力的地域文化之一。這是我們應該認識的。以嶺南文化為核心的大灣區，在未來的發展中，自能發揮重大的作用。這是我們所期望和努力的。這就是我們編撰這套《穿越歷史遊灣區》系列的目的。

主編　陳萬雄博士

2024 年 5 月

前言

今日大灣區的中山、珠海和包括澳門在內的地區，歷史上是一體的，稱為香山。北宋樂史《太平寰宇記》記載，因「地多神仙花卉」，故得名「香山」。

古代的香山，並不像現在與陸地相連，而是指古珠江海灣上一系列的島嶼，是比較碎分的原始地貌。香山地區歷史悠久，早在五千多年前的石器時代，就有古人類在這些島嶼上生活，現在這些島嶼仍保留了下不少古人類的遺跡。

秦始皇統一嶺南時，香山地區還是古珠江口海灣上的系列島嶼。東晉之後歸屬新設置的東官郡（今東莞市）管轄。至南宋紹興二十二年（1152 年），香山地區正式立縣，改由廣州府轄管。明代設立衞所之後，村落逐漸稠密，文化教育也開始普及到鄉間。1553

年葡萄牙攫取在澳門的居住權後，香山成為了西方進入中國的重要跳板，深受西方文化風俗的影響。到了近代，香山更成為「西風東漸」、「東學西傳」的重要通道，也成為中國近代思想發展的前沿，推動了中國近代政治社會變革轉型的發展。

1925 年，國民政府為紀念國父孫中山逝世而將其家鄉香山縣改名為中山縣。1953 年 4 月，東莞縣的萬頃沙、中山縣的中山港鄉，外加珠江口外的一百多個島嶼合併組成珠海縣。1980 年，中央政府決定將與澳門毗鄰的珠海地區和深圳、廈門、汕頭一同規劃為第一批的經濟特區，肩負起為改革開放探路的使命。雖然如今的中山、珠海兩市分置，但從歷史文化來說，兩市是一脈相承的。

目錄

第一章　山川自然

第二章　古地形古人類

第三章　前世今生

第四章　十字洋開

第九章　香山味道

第一章。

自然

珠江三角洲以獅子洋為界，東部是東江水系沖積的東江三角洲，比較平坦。西部是由北江、西江合力沖積的三角洲，面積大過東部，但山巒起伏比較多。1.2 萬年～8 千年前，由於海面上升，香山的低窪地區遭受海侵，除了一些丘陵，其他地方大都成了一片汪洋。

中山海蝕遺址

　　中山的黃圃石嶺山海蝕地形主要形成於海侵時的古珠江口海灣島嶼時期（距今約 7000～2000 年）。由於長期的海浪侵蝕，島嶼與海面接觸處形成多處海蝕洞。海退之後，島嶼就變成了今天的丘陵，海蝕洞則成為山腳一帶連串的岩洞。

　　迄今為止，石嶺山海蝕遺址不僅是廣東沿海規模最大的海蝕遺址，而且是廣東為數不多保存完整的海蝕遺址之一，有着非常獨特的科學價值和美學價值。

▲ 石嶺山海蝕遺址

▲ 獅山海蝕遺址展示牌（攝於聖獅村）

　　除了石嶺山，中山的沙溪聖獅村西面，還有一座獅山海蝕遺址。1300 年前這裏仍是一片大海，獅山和它周圍的糖包山、煙管山是當時過往船隻的重要指向標。遺址如今成為珠江三角洲的地質標本，見證了香山地區的滄海桑田。

五桂山

●●海侵時期，香山地區冒出海面的山峯，包括五桂山、卓旗山、大尖山、南台山、鳳凰山等。其中最高的是五桂山，海拔目前有500多米。

北宋樂史在《太平寰宇記》中寫到：「東莞縣香山在縣南，隔海三百里，地多神仙花卉，故曰香山。」後來人們根據「隔海三百里」推斷，這個香山應是五桂山。也因「地多神仙花卉」之名甚美，「香山」得名的其他說法都沒有這個深入人心。

▼ 中山五桂山

沙田

●●滄海桑田，在大家的認知中，應該最少需要千年變幻吧。然而，香山在僅僅四五百年就發生了滄海桑田之巨變。而由淺海變濕地、濕地變沙田的這種變化，近百年都依然在發生。

歷史上，香山地區羣島列佈，夾雜着眾多江河的入海口。在漢唐之間，這些海口非常緩慢地淤積了一些台地和沼澤。到了宋代，大量移民南遷，在這些台地、沼澤上修建堤圍，束水歸槽，讓西江、北江夾雜的泥沙和腐殖物質加速在區域內沉積，也讓各個入海口向前延伸形成新的淺灘、沙灘，完成淺海陸地化的初步轉變。

過去滄海桑田的轉換還有科學的分類：有魚游動的稱海，有水鳥在其中的稱為沙坦；沙坦上可以長草了就叫下則；一般長草五六年，穩固泥土了就叫中則；待中則可以用牛耕了，就營建水壩，圍起來成田。

人為活動加速了自然界的變化，對珠江西岸的香山、順德、佛山、珠海區域的影響尤為明顯，最終形成了今日珠江西岸的陸地。

珠海板樟山

●●●板樟山森林公園又名澳門回歸紀念公園，位於珠海市中心。登上山頂觀光台，可飽覽珠海市區和澳門景色。板樟山森林公園從金鐘花園板樟山山腳開始順山勢而上，為紀念1999年澳門回歸而鋪設了1999級台階，沿路有1999棵蒼松相迎，直上開闊的山頂平台。

板樟山公園的高度為海拔274米，它的面積不大，其中八成是植被，主要為南亞熱帶常綠闊葉林喬木。那裏一年四季鳥語花香、空氣清新，是晨運賞景的好去處。

▼ 板樟山森林公園

紅樹林

●●香山地區靠山、近海，紅樹林濕地是海岸地區的重要標誌。同珠江三角洲其他地區的自然生態環境一樣，香山地區有整片的紅樹林、灘塗和水道，還有一些村落點綴其間。特別之處是，香山地區的濕地範圍內有很多「桑基魚塘」。「桑基魚塘」以「塘基種桑、桑葉餵蠶、蠶沙養魚、魚糞肥塘、塘泥壅桑」的自然生態循環模式生產，這既是世界傳統迴圈生態農業的典範，也是中國作為農耕社會最為高級的農業形態。

▲ 中山崖口紅樹林

▲ 珠海淇澳島紅樹林

灘塗

●●灘塗是中國重要的後備土地資源，在潮水的漲落間形成一個處於動態變化中的海陸過渡地帶。灘塗具有面積大、分佈集中、區位條件好、農牧漁業綜合開發潛力大的特點，常作為圍墾和養殖使用。

▼ 中山崖口伶仃洋西岸的灘塗

岐江

●●岐江因為流經中山市的核心城區石岐而得名。它是西江的一條
支脈，雖然只有 39 公里長，但連接了中山多個鄉鎮，溝通了西江、
北江兩大水系，也連接了港澳的主要航道，還是中山的重要名勝。
中山八景之一的「岐江晚望」，説的就是每當晚霞滿天時，江上漁
火點點，渡口人流匆匆，岸邊商店林立的景色。

▼ 夜色中的岐江

▲ 穿城而过的岐江

第二章。

古地形

古人類

香山古時雖是星羅密佈的島嶼，但是這些原始島嶼，依然孕育了珠江流域的古人類。目前，僅珠海市就已發現八十一處古人類遺址。

寶鏡灣岩畫

●●岩畫，是在岩石上鑿刻的圖像，是古人類留下的作品。由於岩畫的內容多與生存、活動和信仰相關，所以往往展示了遠古人類當時重要的生活場景。岩畫在世界各地都有發現，珠江口地區也不例外。珠三角遠古生活遺跡的岩畫，都有一個共同的特點：頻繁出現「船」的形狀，「海洋」元素非常明顯。

　　1989 年在珠海市金灣區南水鎮發現了距今 6500～3500 年的大型遺址，除了出土不少陶器，從山頂到海灘還發現了六幅岩畫。尤

▲ 寶鏡灣「藏寶洞」岩畫（攝於珠海博物館）

其在一處巨大花崗岩崩裂形成的山洞裏，發現了大面積、內容豐富的巨大岩畫，畫中內容可以辨識出海浪、龍蛇、船、人物等形象。這個山洞也被譽為「藏寶洞」。

在寶鏡灣的沙灘上有塊三角形的大石，大石右側刻有直徑約40厘米的圓圈，圈內有半月形及圓點，圓圈左側刻有波浪與浮雲線條，可以理解為「海上生明月」，也可以理解為「夕陽西下，雲水蒼蒼」。這是千年前古人的浪漫，充滿了藝術想像力。如果將圓圈旋轉，大家還能看到一個非常熟悉的「笑臉」。

▲ 古人的「新潮」岩畫（珠海博物館牆面）

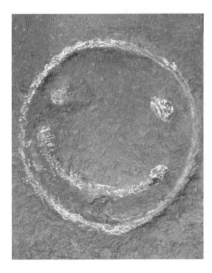

◀ 寶鏡灣海灘石刻複製品
（攝於珠海市博物館）

南越族羣的冶煉

　　珠海大地發掘出很多青銅器件，有常見的青銅斧、青銅箭鏃、青銅匕首等；更發現了鑄造青銅斧的石範、陶範，說明南越族羣在商朝中期（距今約 3400 年）左右就掌握了青銅鑄造技術。再到西周中晚期以後，嶺南地區的鑄造技術又有突破，出現了青銅的禮樂器。

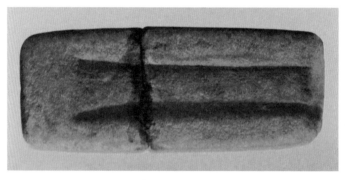

◀ 珠海棠下環遺址出土的石鑿範（攝於珠海博物館）

銅环 / 銅箭鏃及銅斧 / 銅一字格剑与銅斧
COPPER RING/COPPER ARROW AND COPPER AXE/COPPER SWORD AND COPPER AXE

西周晚期前後 / 春秋 / 战国　around the late Western Zhou Dynasty / Spring and Autumn period / Warring States period
唐家外沙海採集 / 金鼎外沙海採集 / 南屏北山与拱北西瓜铺採集　collected in Jiehon, Tangjia /collected from Waishahai, Jinding / collected in Beishan village, Nanping and Kiguapu, Gongbei

珠海地區發現次多代表銅器，為數不少，多為武器和配件，証明当時岭南地区的青銅文化影响力已扩及珠海。

◀ 珠海地區出土的青銅器（攝於珠海博物館）

中山龍穴遺址

●●中山的龍穴遺址和珠海的淇澳島隔海相望，距離海邊只有四百餘米。遺址留下了新石器中期到春秋戰國時期的人類生活遺跡（距今5500年～2300年）。龍穴遺址出土了很多夾砂紅褐陶和泥質紅陶，還發現有銅斧、鑄銅石範等青銅時代的器物。這些器物的種類和裝飾也多見於香港大灣遺址、深圳大黃沙遺址、東莞萬福庵遺址等。這些文物反映了環珠江口灣區在新石器時代，一方面受到長江流域文化的滲透與影響，但另一方面，具有相對獨特和穩定的地域文化特點。

下圖是新石器時代的「石拍」。石拍裝上手柄之後通常用來反覆敲打樹皮，使其纖維柔軟以製作樹皮衣。在食物加工和陶器加工過程中，也會使用這件器物。

▼ 龍穴遺址文物（中山市博物館藏）

第三章。

前世

今生

　　自秦漢開始，就有中原地區的民眾遷徙嶺南。尤其是北方戰亂動盪的時候，南遷民眾的數量會大幅增加。到了兩宋時期，開發日益成熟的嶺南，成為了移民匯聚的地區，香山也不例外。

香山移民

不同地區的移民遷入帶來了各自地區的風俗習慣，甚至審美標準。他們在香山落戶繁衍，帶動了香山地區的發展和建設，甚至改變了這個地區的陸地形成，也催生出這個地區多元開放的價值觀，終讓「他鄉」變成了「吾鄉」。

▍香山地區移民大事記簡表 ▍

時代	事由	移民主體	對香山地區的影響
秦	秦軍南征，統一嶺南	秦軍將士	中原先進的農耕技術傳入
西漢	漢武帝滅南越國	軍士、眷屬、嶺北移民	嶺南三郡百業顯著發展
東晉	孫恩、盧循大規模起義	殘存軍士、三吳之地百姓	促進了珠江口地區的漁業發展
唐代	通海夷道興起、鹽場興起	商人、鹽場鹽戶和兵丁	政治地位提升，香山鎮（等同縣）設立
北宋	鹽業、銀礦業興起	臨縣和外省的壯丁及親眷	人口增長迅速，灶戶頗具規模
南宋	胡妃之禍和臨安失陷	珠璣巷民、南逃抗元遺民	區域內主要家族及重要村落現雛形
明	葡萄牙人佔據澳門	百業務工者、商人、駐軍	商業氛圍濃郁，商業文化形成
清	海禁取消	內遷海民、粵東客家	區域經濟進一步發展，客家文化融入

皇室村落

●●宋朝皇室有太祖趙匡胤、三弟趙匡義（太宗）、四弟趙匡美（魏王）三支族裔。魏王的後裔趙憚夫於端平元年（1234年）官授承節郎，任廣州府香山縣令，後成為香山宋皇室的始祖。

宋端宗景炎元年（1276年），南宋流亡小朝廷敗退到香山。斗門趙氏聞訊召募數百忠勇鄉民，具舟迎駕以勤王。1277年12月，小朝廷聽說廣州失守，慌亂之中退到井澳（今珠海市大橫琴島深井附近海灣）時，海上忽起颶風，船隊多有傾覆。小皇帝趙昰也在這件事中墜海不治，由皇弟趙昺繼位。

1279年2月，元軍包圍崖山，丞相陸秀夫即令斗門趙若梓等歸家入山隱居，以存皇家宗族血脈。隨後二十三天的崖山海戰宋軍慘敗，陸秀夫背着小皇帝趙昺跳海殉國，宋王朝滅亡。隱居於斗門的趙氏一族繁衍生息，成斗門地區大族。

▲ 趙氏皇族繁衍的接霞莊，擁有華南地區最大的護莊河

▲ 斗門菉猗堂

菉猗堂

●●菉猗堂及其建築羣是一字排開的三座祠堂建築，作為趙氏皇族後裔的祖祠，經歷數百年的洗禮仍保存完好，對研究宋代北方移民南遷及北方文化的傳播具有重要意義。

菉猗堂始建於明景泰五年（1454年），是魏王趙匡美的十五代裔趙隆為祀其曾祖父趙梅南，出資在村裏興建的趙氏祖祠。建成之後，一直作為趙氏後裔的祭祖場所。日軍侵華時中山地區淪陷，中山的縣政府曾流亡在這幾間祠堂內辦公。

菉猗堂為三進院落四合式佈局，包括前廳、中殿和後殿，主體為穿斗與抬樑混合式木構架，硬山頂，鍋耳或人字形風火牆，素色或綠釉琉璃瓦當、滴水，大量使用石雕、磚雕、木雕、陶塑、灰塑和壁畫等作裝飾。碩大的蠔殼與黃坭漿砌成65厘米厚壁，院落台基全用紅谷石砌成。整體結構古樸典雅，頗具氣勢。

中山聖獅村

●●宋中丞御史阮逵，宦遊粵東致仕後居於南雄珠璣巷。他的五世孫在南宋將亡之際遷居於此避難，算下來古村已有八百餘年的歷史。此後彭氏、陳氏亦從珠璣巷搬入，加上新會搬來的林氏，組成了聖獅村的四大家族。

聖獅村人傑地靈，賢才輩出，或德行堪以勵志，或事功足以表民。在此僅列舉部分前賢，以窺村中文教家風之一二。

人物	事跡
彭時清	亦文亦武，先後任龍山書院、桂山書院、鳳山書院、煙山書院的山長，育才無數。
彭介生	梁啟超的「變法同志」，戊戌變法失敗後，在香山區域推動新式學堂及慈善機構。
彭華利	中國細菌學的開拓者之一，上世紀 20 年代在香港和廣州建立了實驗室生產牛痘疫苗，是中國牛痘疫苗的發明者，也是後來提出計劃生育的先驅。
阮靜清	中國著名的心理學家，是教育心理學、兒童發展心理學、民族心理學的理論開拓者。

聖獅村中清皇下旨修建的牌坊

地望名門

●●歷史上香山的行政區劃長期屬於東官郡。在當時，海灣眾多的香山主要營收就是圍海煮鹽，古籍中的「金斗灣鹽場」指的就是這裏。鹽是百姓生活的必需品，據資料記載，這裏專門製鹽的鹽丁就有六百餘人。煮鹽需要用灶火，這些鹽場工作的人家，被稱為灶戶。

到了明代，為管理日益龐大的灶戶，官府賦予了二十個在當地具有威望的製鹽大戶管理權。這二十個製鹽大戶繁衍，成為該地區多個豪門大戶的祖先。

▲ 古代海鹽倉儲模型（攝於中國海鹽博物館）

▌吳氏▐

吳姓源自春秋時期的吳國，在南宋年間吳氏遷入香山地區從事鹽業生產。在鹽戶甲首制度建立之後，吳氏在二十戶中佔據了三席，可見他們在當地的影響力。清末傳奇買辦吳建彰（道台銜）、廣州十三行中同順行開設者吳建緯就是吳氏後輩。

▌鮑氏▐

南宋時期鮑氏由南雄珠璣巷遷到香山，不久後也進入到製鹽行業，在明初建立二十鹽戶甲首制時，鮑氏佔據了其中兩席，是鹽場管理的重要力量。香山鮑氏以書禮傳家，歷史上書畫雙絕的鮑俊和鮑少游不必多說，創辦橫濱大同學校的鮑滔宗、精於刺繡的鮑桂娥、鋼琴家鮑惠養都是鮑氏後人。

▌楊氏▐

楊氏是珠海人口眾多、枝繁葉茂的大家族。楊氏族人自認是北宋名將楊宗保和穆桂英的後人。南宋末年，楊氏族人為躲避戰亂，從南雄珠璣巷遷到香山，繁衍至今已有七百餘年，傳二十八代。

清末，楊雲驤在鴉片戰爭中屢立戰功。隨後歐美列強藉小刀會起義生事，楊雲驤指揮廣東水師北上，擊退英軍的同時也平定了小刀會。

鴉片戰爭後，澳門的葡萄牙人也向北擴展疆界，想侵佔香山土地，並迫使清廷在香港舉行劃界談判。族人楊應麟召集香山紳商成立「香山勘界維持會」，得到鄉人及海外華僑的踴躍支援，有力地保護了家鄉的土地不被侵犯。

楊匏安，是中國共產黨早期的理論家，馬克思主義在中國的傳播先驅，國共合作時期的重要領導者。他參與指揮了著名的省港大罷工，1938 年 8 月在上海就義。

容氏

容氏並不是常見姓氏，但在珠海南屏卻是人口最多的姓氏。早在北宋年間，容氏族人就從珠璣巷遷到了珠江西岸。明代在確立鹽業二十戶甲首時，容氏也佔據了其中的兩席，並以此為契機，逐漸成為當地望族。

南屏容氏人才輩出，近代就有中國留學運動的先驅容閎、孫中山的高級顧問容星橋、教育家容啟東、名將容有略等人。容氏以崇文重教聞名，加上留學傳統，族人也因此散佈世界各地。

梁氏

梁氏是中山的第一大姓，每十個中山人就有一位姓梁。梁氏在南宋時期為避胡妃之禍，由南雄珠璣巷遷入珠江西岸，經過七百餘年的繁衍，成為香山地區最大的氏族。

梁氏素來祖訓嚴格，敬宗睦族，重視家教。族中禁止聚眾賭博、酗酒、鬥毆等壞事，嚴重者永革族外。他們也是最早提倡九年義務教育的氏族，使得梁氏族人出了不少能人志士，在外交、科學領域尤為突出。

會同村

●●會同村建於明朝，三面青山環繞，村前波光瀲灩。到了清雍正年間，莫氏先祖莫與京帶族人遷入，再次拓展村落，並主動承擔了板築之費，還對貧困鄉鄰施以援手。鄉人感其高義，以村名敬稱莫與京為「會同公」。

莫氏扎根繁衍，子孫取得成就者也非常多。大家最熟知的莫仕揚、莫藻泉、莫幹生祖孫三代在香港經營太古洋行六十餘年，在航

▼ 會同村的祠堂和碉樓

運、造船、製糖、製漆、保險、外貿、地產等行業都取得了很大的成就。同時，莫氏宗族還帶領了會同鄉親近千人共同富裕，並將西方的生活方式引入珠海，讓會同村早在上世紀 20 年代就享受到電燈、電影等現代設施。

莫仕揚和太古洋行

莫仕揚的父祖經商，到他這一代已是香山的豪門望族。他早年在廣州學習經商，長期和洋人打交道讓他學會了英語，也熟諳了洋務。清咸豐十年（1860 年）赴香港經商，逐漸成為香港太古洋行第一任買辦。

莫仕揚在任上憑藉積累的省港關係，讓太古洋行輪船公司在華業務不斷擴展。中國沿海的海運與長江、珠江內河航運幾乎全為太古洋行所壟斷。莫仕揚不斷輸資納官，升至資政大夫銜（正二品散官）。

莫仕揚的二子莫藻泉、長子莫幹生相繼接任太古洋行第二代、第三代華人買辦。他們在任期間創辦的太古糖廠、太古船塢都成為太古洋行創利最多的企業，太古洋行也躍居各洋行之首。

◀ 會同村中莫仕揚畫像

獨特的方言島

　　據《香山縣志》記載：大約在宋代，福建的漁民南下捕魚，經常在香山落腳。最後有一部分人就留在了這裏繁衍，形成了一個鑲嵌在粵語環境下的獨特「方言島」。

　　方言，是集體記憶的載體，往往帶着遠古傳承的記憶。珠江三角洲的城市羣，普遍使用的都是粵語。然而在中山的沙溪、大涌兩鎮，卻流行着一種閩語方言，由於清代中期這兩個鎮曾合併稱為隆都，這種方言也被稱為「隆都話」。其實閩語在古代香山分佈很廣，一直是粵語以外最多人講的語系，然而現在使用區域縮小，成為了一個「閩方言島」。

　　隨着時間的推移，方言之間也會相互滲透、相互影響。隆都話自然也吸收了粵語的成分，即使沙溪、大涌兩鎮之間，語言的聲調、詞彙也會略有不同。另外，香山的華僑眾多，隆都話中也吸收了一些外文的音譯，比如番茄（英語「tomato」）用「都嗎打」表示，非常有意思。

　　然而，隆都人需要到臨近的區域謀生或學習，常用的隆都話不便與外界的粵語直接溝通。為此當地衍生出一種融合廣州話、石岐話和隆都話為一體的「省岐隆」。在朗讀、對外交流、祭祀等場合運用。

　　值得一提的是,「省岐隆」還是鶴歌、鶴舞的主要用語。鶴歌最早起源於舊時學堂的唱書歌,配合數百年傳承的鶴舞表演,成為當地盛大的節慶特色表演。鶴舞是國家級非物質文化遺產之一,興起於南宋,在中山、珠海都有傳承者。《香山縣志》記載:「元宵燈火裝演故事,遊戲通衢。舞者擊鼓以三為節,歌者擊鼓以七為節。又春宵結對彼此酬酓,曰唱燈歌,又曰唱鶴歌。」

▲ 鶴舞民俗塑像（攝於珠海博物館）

第四章。

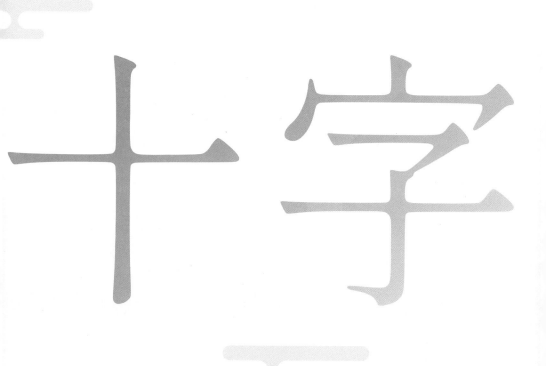

洋開

　　粵籍名士屈大均詩云：「洋船爭出是官商，十字門開向二洋。五絲八絲廣緞好，銀錢堆滿十三行。」向我們展現清初香山繁忙的貿易場景。貿易的繁榮和澳門的開埠有着重要的關係，也深深影響了南中國的歷史。

澳門開埠

●● 15 世紀，東亞的中國大明和日本都實行了閉關鎖國的政策。經過一個世紀或鬆或緊的海禁之後，大明開放了香山的「浪白澳」（今珠海南水一帶）作為「番船等候、接濟之地」。當時西洋、南洋的貿易商船多停留在此。

浪白澳的自然條件並不算好，於是明嘉靖三十二年（1553 年），葡萄牙人託言商船被風浪沖擊造成裂縫，貨船潮濕，要求借地晾曬，並賄賂了地方官吏汪柏，取得了停靠澳門碼頭進行貿易的權利。不久，在未經明朝政府同意下，在澳門的葡萄牙人自行成立澳門議事會進行葡萄牙社區的自治管理，但仍需要每年付白銀給明政府及其後的清政府為地租，自 1572 年開始，一直持續到 1849 年。

葡萄牙人佔據澳門，對嶺南尤其是珠江西岸的香山區域，影響深遠。十字門[①]海域（今澳門、珠海地區）商船來往頻繁，催生了香山區域商業的崛起。

---

① 十字門：由大橫琴、小橫琴、氹仔、九奧四座島嶼夾起的十字形水道，是當時中國最繁忙的航道。

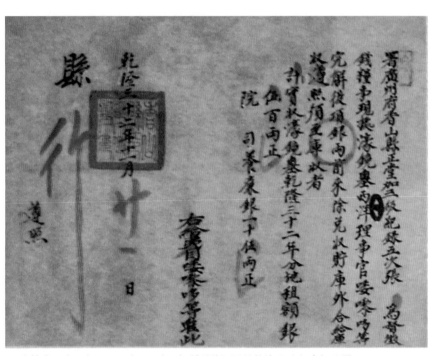

▲ 清乾隆三十二年（1767 年），香山知縣張德洞開具的澳門地租庫銀收單
（攝於中山市博物館）

文明匯流

●● 1757 年，清朝政府開始執行「一口通商」政策。在一段時期內，中國與世界的貿易集中在南中國的廣州。由於外國女性的服飾和許多生活習慣，都被當時的國人視作「有傷風化」，因此大清政府要求，前往廣州的外國商船，隨船女性需要在澳門下船居住，否則將不允許入港。另外，來華商船只有貿易季才能在廣州黃埔港停泊。其他時間，歐美商人、船員、商船女眷都只能在澳門居住。因此在澳門居住的中國人薰染了許多歐美習俗，也潛移默化地影響了周邊的香山地區。以下一段文字記載葡萄牙人在澳門的用餐場景：

> 每晨食必擊銅鐘，以玻璃器盛物，薦以白氎布，人各數器，灑薔薇露、梅花片腦其上。坐者悉實右手褡下不用，曰此為觸手，惟以溷；食必以左手攫取。先擊生雞子數枚啜之，乃以金匕割炙，以白氎巾拭手，一拭輒棄置，更易新者。
>
> ——清・屈大均《廣東新語》

▲ 乾隆二十三年（1758 年）粵海關發給澳門船「若望‧蒙打惹」往呂宋貿易的船牌
（攝於中山市博物館，原件藏於葡萄牙東波塔檔案館）

商業興起

●●香山由於地處廣州、佛山、澳門的中間,地理位置相當特殊。轄下的石岐、小欖、香洲、前山、澳門等地,逐漸成為中西貿易的集散地,石岐(今中山城區)甚至有了「小香港」的名號。原本以漁業、農耕為主的中山,受到中外貿易的影響,不僅商業繁盛,人們的思想觀念和社會風氣也逐漸改變。

所以中山能孕育出諸多先進的思想家,如提倡「商戰」的鄭觀應,主張「以農為經,以商為緯」的孫中山,等等。

▶ 香山商業文化博物館
(原稱中山商業文化博物館)

商道

●●香山地區保存下來的古道相對完整，目前發現的古驛道和附屬遺跡已達兩百多處。古道最早用於傳遞文書、人員往來，隨着商業日漸興盛，運輸物資也成為了古道的重要使命。

近代香山地區的鄉紳，是積極推動近現代交通的羣體。當時岐江的各個碼頭都能看到新式的大煙囪輪船（俗稱小火輪）往返於周邊的縣市，翻越五桂山的公路也於 1931 年通車運營。

▲ 由中山翻越五桂山到珠海的「岐澳古道」

▲ 翻越鳳凰山的「長南徑」古驛道

▲ 長南徑上的古石橋

▲ 磨刀門水驛道

珠江三角洲西岸是西江、北江等水系和先民圍墾共同塑造成型。水網交錯也是香山地區的地市特色。水路和陸路驛道相輔相成，構成了較為完備的內陸交通與水上交通體系。

磨刀門水道上連西江，到梧州，入廣西；南接珠海市交杯沙水道，由石欄洲入海。這段水道在明代還屬於淺海區域，到清代中期才形成今日的格局。

買辦

●●香山毗鄰港澳，子弟外遊的非常多。由於自小受到中西文化交融的薰陶，他們的思想相當開放。尤其在鴉片戰爭以後，中山地區孕育出眾多具近代商業頭腦，精通中外貿易的羣體，這個羣體被稱為「中山買辦」。據統計，1830年至1900年上海、香港、廣州、天津、漢口、九江各商埠英國洋行的買辦中，香山籍佔了九成之多。

「買辦」這個詞源於葡萄牙語的「comprador」，本意是外國資本家在殖民地本土僱傭的管家或者經理人。因為他們要和「洋人」打交道，需要得到官府批准，這也讓買辦有了一些「官方」的性質。洋務運動中所提出的「官督商辦」的「商」，指的就是買辦。

據美國漢學家費正清編的《劍橋晚清中國史》記載推算，到清朝滅亡，買辦的人數超過了四萬，以廣東人最多，江浙、天津次之。他們有頭腦，有手段，有官方支持。買辦階級逐漸興起，在取得商業成就的同時，不少人也成為掀起近代風雲的重要推手。

晚清買辦中有四人最為著名，被稱為「四大買辦」。除了江蘇的席正甫之外，唐廷樞、徐潤和鄭觀應都是香山籍人。

▲ 中山商業博物館中香山籍商業鉅子塑像，左起依次為徐潤、唐廷樞、鄭觀應、
馬應彪、郭樂

唐廷樞（1832～1892）
中國第一位近代企業家

　　唐廷樞，香山縣唐家村（今珠海市唐家灣鎮）人。唐廷樞是中國第一位近代企業家，著名的民族實業家和慈善家，中國近代化的先驅，中國近代工業的開創者和奠基人之一，清代洋務運動的代表人物之一。

　　1863 年，唐廷樞任怡和洋行總買辦。1873 年，應李鴻章之召，入上海輪船招商局任總辦，主持全域大計。1875 年，任上海洋務局會辦。1876 年，任開平礦務局總辦。唐廷樞一生中興辦的企業達四十七家，在中國近代經濟史上創造了許多個「中國第一」：中國第一家民用企業——輪船招商局、中國第一家機械煤礦、中國第一家保險公司、中國第一條鐵路、中國第一台自產火車、中國第一家水泥廠、中國第一家機器棉紡廠，鑽探出中國第一個油井，鋪設中國第一條電報線等，都是在唐廷樞的主持下創辦的。

▲ 唐廷樞

　　唐廷樞以創辦和經營近代企業的方式，推動了中國社會的近代化，對中國近代經濟的發展起到了舉足輕重的作用。李鴻章曾說過：「中國可無李鴻章，但不可無唐廷樞。」

徐潤（1838～1911）
茶葉大王、地產大王

徐潤的經歷頗傳奇，十五歲就離開家鄉去了上海，在英商寶順洋行當學徒。由於他勤奮好學，又有悟性，不到十年便已升任高位。徐潤三十歲的時候離開寶順洋行，在上海開設了自己的寶源祥茶棧，並迅速在各省擴展業務。當時上海的茶葉出口量佔中國總出口量三分之二，寶源祥茶棧成為上海乃至中國最大的出口茶棧，他也被譽為「近代中國的茶王」。

此後，徐潤開始進軍房地產行業，短短時間已成為華商中的「地產大王」。他再入招商局協助唐廷樞融資，並主持實際工作。任上，他收購了當時東亞最大的商業船隊——美商旗昌輪船公司，從而涉足長江航運、沿海航運的經營權，奠定了中國近代航運業的基礎。輪船招商局是今天香港、台灣等地招商局的前身，徐潤在它的發展軌跡中所起的作用是舉足輕重的。

▲ 徐潤

徐潤在文化事業上也取得了成就，如創辦格致書院、仁濟醫院、中國紅十字會等，其中支援香山同鄉容閎選派幼童官費赴美留學和創辦同文書局對中國的影響最為深遠。同文書局引進了國外先進輪轉印刷機，不僅影印了大量的中國典籍，還出版了大量的西學圖書，李鴻章讚其「摻羅海外奇書，彰闡中西新學」。

鄭觀應（1842～1921）
論述「商戰」思想的第一人

鄭觀應從小生活在一個充滿傳統和知識氛圍的家庭，父親是當地的鄉村塾師，鄭觀應自小就受到良好的傳統教育。1856 年，鄭觀應參加童子試沒有中榜，於是父親讓他棄學從商，投奔叔父，而後在英商寶順洋行任職。

鄭觀應有傳統文化功底，在洋行又比較廣泛地認識了西方政治、經濟和先進的科學技術知識。他在寶順洋行等機構如魚得水，在崗位上很有成績。鄭觀應不惜重金投資當時的大型近代企業，如輪船招商局、開平礦務局、上海造紙公司、上海機器織布局等，也因此與李鴻章等洋務派大員交往日深。

1880 年，鄭觀應被任命為織布局總辦。任上，鄭觀應編刊反映他改良主義思想的《易言》一書，開始提出了一系列以國富為中心的內政改革措施，大力宣揚了西方議會制度，力主中國應實行政治制度的變革，實行君主立憲制。這部倡導維新思想的著作，在當時影響很大。

▶ 鄭觀應

鄭觀應故居位於中山市三鄉鎮雍陌村，是一座典型的兩進清末
嶺南建築，目前保存良好，附屬有秀峯家塾。

▼ 鄭觀應故居

《盛世危言》

《盛世危言》於清光緒二十年（1894 年）正式出版。在這部著作中，鄭觀應有系統地從政治、經濟、教育、輿論、司法等方面提出了對中國改造的方案。

江蘇布政使臣鄧華熙將《盛世危言》五卷本推薦給光緒，光緒批示印製二千部，分發給各省高級官員。民間各書坊立即盜版翻刻，達十餘萬部之多，該書成為科舉士子的必讀參考書籍。

這本書影響了近代眾多的政治人物和思想家。孫中山的《實業計劃》明顯可見其早期思想深受《盛世危言》的影響。《毛澤東自傳：一顆紅星的長成》一書也曾提到，《盛世危言》是早年毛澤東「很喜歡的書」。

▲ 鄭觀應《盛世危言》（香山商業文化博物館藏）

四大百貨公司

●● 20世紀初，「綜合百業，包羅萬有」的百貨公司興起，使中國的商業經營模式進入了一個嶄新的階段。尤其以上海南京路上先後成立的先施（今時裝公司大樓）、永安（今永安百貨大樓）、新新（今食品一店大樓）、大新（今第一百貨大樓）四大百貨公司最為著名。這四大百貨的創辦人都是香山人士。

先施公司由香山籍華僑馬應彪創辦，曾是香港早年規模最大的百貨公司。先施二字來自於《中庸》的「先施以誠」。上海的先施百貨於 1917 年 10 月 20 日建成，是一間由國人經營環球百貨的大型商店，也是第一家聘用女服務員的百貨公司。它首創了明碼標價和不二價制度，也首先推行星期日休息的制度。

永安公司由香山籍富商郭樂創辦，請美商哈沙德洋行設計了六層的永安大樓。永安公司的行銷相當靈活，如發行禮券、代客送貨、商品活動表演、美容表演、邀請電影明星演唱、贈送獎學金等，還首創了《永安月刊》來引導消費。「顧客是上帝」的理念也是永安的原則。值得一提的是，永安公司附設的大東舞廳開創了商業與娛樂結合的先例，帶動了上海新的海派娛樂文化，讓「舞廳」這種西洋場景融入到中國人的生活中。

香山籍僑商劉錫基原是先施公司經理，1923 年離職後創立了新新公司。新新公司率先將冷氣引入商場，並將百貨、餐飲、旅遊等元素融合，還採取「猜謎得獎」的獨特經營方式。劉錫基還創辦了

中國首個私營廣播電台，通過電台大做廣告，生意逐漸興隆，與永安、先施形成三足鼎立之勢。

1912 年，蔡昌、蔡興兄弟在香港開設了大新公司。他們兄弟刻苦奮發、事事躬親，使大新公司後來居上，可媲美先施、永安等老店。1918 年，大新百貨在廣州西堤的珠江邊興建了規模宏大，擁有十二層樓高的大新大廈（今南方大廈），成為當時華南最宏偉，最華麗的百貨商店，顧客如雲。1934 年，大新公司進軍上海，商場大廈建得宏偉壯觀，面積為全國之冠。上海大新的設施也相當先進，在國內首先引進了電梯、扶梯的設施。由於它的商場格局完全不同於以前的傳統店鋪，加上行銷有方，營業額很快成為四大公司之首，資本總額躍居中國百貨業第一位。

▎ 四大公司的經營方式與商業思想 ▎

名稱	經營思想
先施公司	商品明碼標價，不二價；首次以婦女任營業員；統辦環球商品，實行多種經營方式；注重企業文化建設，誠信勤勞是公司的根本
永安公司	顧客永遠是對的；經營環球商品，推銷中國土產；公司以貨物為根本，務必做到貨如輪轉，服務周到，提供送貨上門服務；行銷手段豐富
新新公司	多元化經營；注重廣告宣傳；別出心裁招徠顧客
大新公司	主營國產商品，選營環球物品，總匯精華；誠信經營，顧客至上

（引用自香山商業文化博物館）

第五章。

星光燦爛

的人傑

香山是一個人傑地靈的地方，尤其在近代人才輩出，在推動近代中國走向進步方面貢獻很大。著名的辭典《辭海》中所收錄的歷史名人，以縣級市計，數香山最多。

鄭藻如（1824～1894）
中國第一位駐美公使

●●鄭藻如是辛亥（1851年）恩科第三十名鄉試舉人，因組織團練鎮壓紅巾軍立有軍功，得曾國藩、李鴻章賞識，成為幕僚，辦理洋務、外交等事務。

清光緒七年（1881年）以三品官銜出使美國、西班牙、祕魯三國。出使期間美國國會通過停止華工入美二十年的排華法案，鄭藻如向美國總統提出抗議，將法案影響降至最低。在祕魯有華工約二十萬人，大多數受僱於大田莊，或從事修建鐵路、掘挖鳥糞等苦工，鄭藻如與祕魯官方交涉，極大地改善了祕魯華工的生活環境。

1890年，孫中山曾致書鄭藻如，提出興農桑、禁鴉片、辦教育等三項建議。此建議後來以《致鄭藻如書》為題收入《孫中山全集》的第一篇。

▼ 中山鄭藻如故居

陳芳（1825～1906）
現代超市模式的首創者

●●陳芳出生在珠海梅溪村一個普通家庭。第一次鴉片戰爭後，他離家到香港、澳門等地學習經商。1849年，陳芳隨伯父到夏威夷謀生。陳芳頭腦靈活，首創了「開架售貨、自由選購」的現代超市模式，生意興隆，據說連穿在身上的中式衣服都被人買走。美國南北戰爭期間，南方產糖地切斷了對北方的蔗糖供給。陳芳乘此機會投資蔗糖業，向美國北方大量傾銷蔗糖，獲得巨額利潤。至1880年陳芳個人資產已超過一百萬美元，在當地華僑中名列第一。

1856年，陳芳為夏威夷國王舉辦了一次規模巨大的豪華舞會，並在舞會上贏得了夏威夷王室公主朱麗亞的芳心。而後，陳芳以皇親國戚的身份成為夏威夷的樞密院（立法院）議員，還資助國王出訪中國，拜會李鴻章，他自己也成為光緒皇帝欽點的大清駐夏威夷第一任領事（官至二品）。藉種種政治勢力，陳芳促使夏威夷王國通過了多項保障華人權益的法案，成為著名的華僑領袖。在滿清日薄西山、積弱積貧、國際地位低下的背景下，陳芳這顆新星顯得格外耀眼。至今夏威夷華僑對他的景仰依然未曾消減。

1886年，香山發生嚴重水災，很多鄉親流離失所，引起陳芳的鄉愁。他先是踴躍捐款，隨後攜巨資回到梅溪老家定居，興辦公益事業，扶助鄉民，不但開渠排水，還修建了本村連通澳門的石板路。

晚年陳芳

夏威夷国王卡拉卡瓦

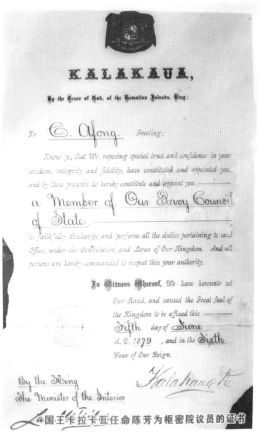

国王卡拉卡瓦任命陈芳为枢密院议员的证书

▲ 陳芳獲委任為夏威夷樞密院議員（攝於陳芳故居）

▲ 珠海梅溪　陳芳故居

容閎（1828～1912）
中國留學生之父

●●● 1828 年，容閎生於香山縣一個貧寒之家。1850 年考入耶魯大學，獲文學士學位。學成歸國後曾在廣州美國公使館、香港高等審判廳、上海海關等處任職，後在上海寶順洋行經營絲茶生意。1870 年被命為「幼童出洋肄業局」副委員，並於次年率第一批留學生赴美，此後長期駐美。1900 年被推為「中國國會」會長，並負責起草英文對外宣言。庚子（1900 年）自立軍起義被鎮壓時，遭清政府通緝，輾轉流亡美國。1912 年 4 月病逝於美國康涅狄格州哈特福德城。著有回憶錄《西學東漸記》。

作為第一位畢業於北美大學的中國人，容閎宣導並主持了晚清幼童留美計劃，先後派遣了一百二十名中國幼童赴美留學，開創了中國公費留學之先河。雖然官派留學的計劃遭到清廷頑固派的強烈反對，而被強行提前召回，但是這批幼童回國後都成為了國家的棟樑，對中國的政治、經濟、軍事、教育等各方面的發展起到了巨大的推動作用。他們有的在中法馬尾海戰、中日甲午海戰中為國捐軀；有的成為中國鐵路、電報、礦山事業的開創者，如主持修建京張鐵路的鐵路工程師詹天佑；有的成為政府大員，如中華民國第一任國務總理——今珠海唐家灣鎮人唐紹儀，還有清華大學首任校長唐國安也出自他們中間。

在清末的洋務運動中，容閎還促使建成了中國近代第一座完整的機器廠——上海江南機器製造局。在中國近代西學東漸、戊戌變法和辛亥革命中，容閎都有不可磨滅的貢獻。

1998 年是容閎誕辰 170 週年，耶魯大學所在的美國康涅狄格州宣佈，將 9 月 22 日（當年第一批中國幼童在美入學的日子），確立為「容閎及中國留美幼童紀念日」。

容閎先生

容閎（1828－1912），字達萌、號純甫，珠海南屏人，中國近代著名愛國教育家，"中國留學生之父"，甄賢學校倡辦者。

▲ 容閎故里的塑像

蘇曼殊（1884～1918）
亦僧亦俗的文化奇人

●●蘇曼殊是中日混血兒，童年在日本長大，六歲回國，但生活淒苦，沒有得到很好的教育。十五歲跟隨表兄重新到日本求學，其間學問精進一日千里。除了中日兩語，還迅速掌握了英、法、德語；由於對佛法產生興趣，還自學了最難學的梵文，並編撰出《梵文典》、《梵書摩多體文》、《埃及古教考》等作品。

蘇曼殊雖然僑居在日本，但愛國的情感依然熾烈。甲午戰爭之後，蘇曼殊雖然精通日語，但寧願聘請翻譯也不用日語，足見其風骨。

1901 年，蘇曼殊結識了赴日的陳獨秀，兩人惺惺相惜，互為知己。兩人合作改編翻譯了雨果的《悲慘世界》，裏面有三分之二的篇幅都是蘇曼殊的即興改編，這部《悲慘世界》在文學史上具有特殊意義。隨後蘇曼殊又開始創作小說《斷鴻零雁記》，這部作品後來被譽為「民國初年第一部成功之作」。

▲ 蘇曼殊（圖片出處：《拜輪詩選》，泰東圖書局出版，1922 年）

由於喜佛，不拘形跡的蘇曼殊偶然得到了一張度牒（舊時官府發給合法出家人的證明文件），便常以僧衣出入文人名士之林。此後淄素不辨，世人就誤以為僧，竟然半僧半俗地孤獨一生。1918年，他經過三十四年的紅塵孤旅，留下「一切有情，都無掛礙」八個字，然後離開了人世，給後人留下了無盡的感慨。他死後被葬於杭州西子湖畔西泠橋，與江南名妓蘇小小墓南北相對，任幾多遊人唏噓不已。

　　契闊死生君莫問，行雲流水一孤僧。

　　無端狂笑無端哭，縱有歡腸已似冰。

　　　　　　　　　——蘇曼殊《過若松町有感示仲兄》

唐家灣古鎮

●● 早在唐代，唐家灣就開始出現村落，至宋朝，南遷人士在這裏各自建村，並有了「香山縣」的建制。在民國和建國初期，這裏還是「中山模範縣」和「珠海縣」的縣城駐地。至今這裏還保留有一部分清末民初的建築羣落，青磚灰瓦的百年老屋，隱約可見氣勢恢宏的屋脊圖騰、工藝精湛的飛魚挑簷。穿行於綿長深幽的古巷，清石板路、祠堂老宅、百年古樹，非常具有民國時期的韻味。

近代這裏名人輩出，洋務運動中開平礦務局和輪船招商局的創辦人唐廷樞，民國首任總理唐紹儀，清華大學首任校長唐國安，國際工人運動領導人、無產革命領袖蘇兆徵等都出自於此。

唐紹儀故居

唐國安（1858～1913）
清華大學第一任校長

▲ 唐國安

唐國安十四歲時被選為第二批留美幼童，留學美國，肄業於耶魯大學法律系。曾任上海約翰書院（即後來的上海聖約翰大學）教席，上海《南方報》編輯、主筆。後入清政府外務部為主事。參與「庚款留美」事業的籌劃，歷任外交部、學部屬「遊美學務處」會辦，清華學堂副監督、監督，清華學校第一任校長，是清末民初留美教育事業主要興辦人之一。

梁如浩（1863～1941）
民國第二任外交總長

梁如浩也是唐家村人，1874年與同鄉唐紹儀一起跟隨容閎赴美留學。1881年回國，1885年起為駐朝鮮通商事宜大臣袁世凱幕僚。

1894年甲午戰事起，梁如浩隨袁世凱回國，一直在鐵路部門供職。1907年起歷任山海關道兼關內外鐵路總辦、天津海關道、上海道等職。1911年10月，袁世凱組閣，梁如浩任郵傳部副大臣。1912年，他曾短期任外交總長，因拒絕簽署外蒙條約去職。退休後定居天津，晚年任華洋義賑會會長。1941年去世。

▲ 1874 年跟隨容閎赴美留學幼童梁如浩（左）與唐紹儀（右）

唐紹儀（1862～1938）
民國首任總理

唐紹儀是第三批留美幼童，就讀於哥倫比亞大學。七年後歸國來到天津，從事外交工作。

1901 年袁世凱任直隸總督兼北洋大臣之後，唐紹儀出任天津海關道，與盛宣懷一起成為袁世凱經濟方面的左膀右臂。隨後唐紹儀主持了收回八國聯軍秦皇島口岸、全權簽訂了《中英續訂藏印條約》，使英政府承認西藏是中國的一個地方政府，屬於中國領土。他還主持了中日、中俄關於東北問題的談判，在客觀條件十分不利的情況下，避免了損失過多的權益。

1906 年起唐紹儀先後被委任為全國鐵路總公司督辦、稅務處會辦大臣、郵傳部左侍郎。

1911 年武昌起義爆發，唐紹儀作為袁世凱的和談全權代表，達成了南北議和，確定了共和體制、優待清室、推舉袁世凱為大總統等協議。

唐紹儀年少留美，已接受民主共和思想的薰陶。經過南北議和與孫中山接觸，唐紹儀的思想立場更向民主共和方面轉變。民國元年（1912 年）3 月 23 日，唐紹儀出任內閣國務總理後，認為「孫中山的思想，袁世凱的實力」是中國統一的發展基礎。由黃興、蔡元培介紹，孫中山監誓，加入了同盟會，成為中華民國第一任內閣總理。後因袁世凱大權獨攬，破壞臨時約法憤而辭職。

民國六年（1917 年）8 月，唐紹儀南下參加護法運動。9 月 17日，孫中山就任軍政府的大元帥，並任唐紹儀為財政部長。民國七年（1918 年）5 月，軍政府改為總裁制，唐紹儀被國會推為七總裁之一。民國八年（1919 年）初，第二次南北和談，北洋軍閥政府與護法軍政府談判議和，卻因南北抗拒未盡全功。議和期間北京爆

發五四運動，運動期間唐紹儀表現出很大的熱情，通電北洋政府表示支持愛國學生。民國十六年（1927 年），南京國民政府成立後，唐紹儀掛名為中國國民黨中央監察委員和國府委員。

民國二十年（1931 年）3 月 16 日，唐紹儀兼任中山縣縣長，集中精力實施建設模範縣的計劃。任上他為政清廉，革除官吏衙門陋習，並微服察訪，及時解決一些實際問題，有布衣縣長之稱，令中山成為「粵中最繁盛之區」。

民國二十五年（1936 年），陳濟棠發動「兩廣事變」，以索餉為名發動譁變，包圍唐紹儀的寓所，逼其去職。自此唐紹儀舉家寓居上海，未再參與政治。

1937 年上海淪陷，唐紹儀身陷險境，但立場未明，被軍統特務暗殺。國史館撰寫的《唐紹儀傳》，稱唐紹儀晚年被日本人拉攏，要其充當傀儡，「終不肯出」。

▲ 唐紹儀（左）與孫中山（右）在臨時大總統辦公室前的合影

王雲五（1888～1979）
出版界的大家

●●王雲五是廣東中山人。五四運動後，在胡適的推薦下到商務印書館工作。在商務印書館的二十五年時間裏，王雲五出版了《萬有文庫》、《中國文化史叢書》、《大學叢書》等世人矚目的大型叢書，確立了「教育普及、學術獨立」的出版方針。1925年，他發明了四角號碼檢字法。王雲五編寫出版了大量的古典、中外名著和教科書辭典等，為我國近代文化教育事業作出了大量貢獻。

林偉民（1887～1927）
省港大罷工領導者之一

●●林偉民是今日珠海市三灶鎮人，曾到後來到香港謀生，在外國輪船上當海員。他受孫中山影響，與蘇兆徵一起，為革命黨人傳遞消息、籌集經費、運送軍火、支援武裝起義等革命活動。1921 年 3 月香港海員工會成立，林偉民被選為幹事，負責交際事務。1922 年 1 月，與蘇兆徵等領導了香港海員大罷工，並參加與港英當局復工談判，揭開了中國工人運動的帷幕。

1925 年上海五卅慘案後，林偉民與廖仲愷、鄧中夏、蘇兆徵領導了中國歷史上規模最大、時間最長的省港罷工運動。1927 年林偉民病情惡化，於廣州去世。

▲ 林偉民像

第六章。

國父

孫中山

1925 年，國民政府為紀念中國近代民主革命的先行者孫中山逝世，而將其家鄉香山縣改名為中山縣。自此中山成為中國唯一以偉人命名的城市。作為孫中山成長的地方，這裏留有很多他的活動遺跡，也矗立着大量家鄉民眾懷念孫中山的建築。

孫中山（1866～1925）
推翻封建制度的國父

●●孫中山幼名帝象，學名是「文」，旅居日本時曾化名中山樵，因而得名「中山」。

　　孫中山出生於香山縣翠亨村一個普通的農民家庭，家中兄弟姐妹四人，他排行第三。由於家貧，孫中山的長兄孫眉赴檀香山（今夏威夷）做工，後來在茂宜島墾荒，數年積累成為當地富豪。孫中山十三歲時被送到檀香山讀書，十七歲時回國。此後數年先後在廣州、香港學醫，並在澳門、廣州行醫。

　　孫中山很早就開始參與救國的政治活動。1894 年中日甲午戰爭期間，他在天津曾上書李鴻章，但沒受理會。再在北京見到朝廷上下為慶慈禧大壽，歌舞昇平，絲毫不在意當前中日戰爭的國難。自此，孫中山堅定了革命的信念。同年，孫中山再赴檀香山，創立「興中會」，提出「驅除韃虜，恢復中華，創立合眾政府」的主張。他於 1905 年整合革命力量，組建了「中國同盟會」，並提出了三民主義思想，以此推動了中國的革命活動。

　　1895 年至 1911 年，革命黨人在孫中山的領導下，策劃多次反清武裝起義，雖然屢遭挫折，但鬥志彌堅。1911 年 10 月 10 日武昌起義，得到各省回應，最終清朝專制統治覆滅，史稱「辛亥革命」。

　　1912 年元旦，孫中山在南京就任中華民國臨時大總統，創立了中國歷史上第一個共和政體。隨後袁世凱竊據大總統職位後陰謀復

辟帝制，孫中山先後發動了「二次革命」和「護法運動」，嘗試結束中國軍閥割據的局面。

1923 年，孫中山接受蘇俄和中國共產黨的建議，決定國共兩黨實行合作，以推進國民革命。後於 1924 年改組了國民黨，召開中國國民黨第一次全國代表大會，重新解釋其三民主義。同年秋天，馮玉祥發動「北京政變」，孫中山應邀北上，共商國是。1925 年 3 月 12 日，因肝癌不治，逝世於北京。

▼ 1892 年孫眉從檀香山匯款，由孫中山主持修建而成的新宅

陸皓東（1868～1895）
共和革命犧牲的第一人

●●陸皓東也是翠亨村的子弟，且家產頗豐。在家鄉他與孫中山親近，孫中山曾自述與陸皓東「風雨同牀，起居相共」。陸皓東是孫中山革命「四大寇」之一，也是中國最早的現代革命團體「興中會」的創會人之一。1895年，興中會謀劃廣州起義，陸皓東被捕，當年就義。孫中山稱譽他是「中國有史以來為共和革命而犧牲之第一人」。

▲ 陸皓東像及其設計的青天白日旗

翠亨村 陸皓東故居

翠亨村

●●●「翠亨」的舊稱為「蔡坑」，據傳是蔡姓人家最早在這裏建村的。它是一個典型的廣府農村，街巷縱橫，有村廟、祠堂、大宅與普通民房。

翠亨村因是孫中山的故鄉而聞名，實際上，翠亨村很多鄉親支持孫中山的革命，並奉獻出自己的生命。

人物	事跡
孫眉	孫中山長兄，華僑實業家。為孫中山革命奉獻出自己全部的資產。
陸皓東	孫中山革命戰友，為共和革命而犧牲之第一人。
楊鶴齡	孫中山的總統府顧問，港澳特務調查員。
楊心如	興中會成員，參與廣州起義、惠州起義諸役，與陳少白成立台灣興中會分會。
孫昌	孫中山親姪，民國六年（1917 年）10 月護法運動期間因公犧牲。

孫中山從檀香山回鄉後，對傳統的封建迷信非常反感。1883 年中秋節，青年孫中山和夥伴到村中北極殿遊玩，發現鄉親們衣不遮體卻還在為整修廟宇出錢出力。於是公然向鄉親勸告不要愚昧迷信，要靠自己的努力才能過好日子，並動手破壞了神像。但是這樣的舉動並沒有喚醒大家，反而受到鄉親的指責，被逐出村落。此事以後，孫中山更加堅定了改變傳統思想的決心。

▲ 翠亨村的村廟──北極殿遺址

孫中山紀念地

1925 年孫中山在北京逝世，為了紀念他，國民政府將孫中山的故鄉香山縣改名為中山縣。中山縣人民以孫中山的家鄉而驕傲，在故鄉建立了各種紀念建築，以歌頌和緬懷一代偉人。

不僅中山地區，孫中山逝世後，全國各地以中山命名的如中山路、中山紀念堂、中山銅像、中山公園等，如雨後春筍。孫中山也成為了全世界最多紀念道路、紀念建築的世界名人。

▲ 翠亨村內的孫中山紀念館，展示了孫中山的革命歷程和家庭情況

中山的孫中山紀念堂與廣州的中山紀念堂功能用途類似。整體建築從高空鳥瞰呈一個「中」字，從地面平視則又呈一個「山」字。除了作為孫中山革命史跡展覽館使用，中間的八角部分還是一座大型現代化劇場。

▲ 中山市孫中山紀念堂

▲ 孫文西路（商業步行街）是一條從隋唐開始建立，有八百年歷史的老街

1912 年 4 月，孫中山辭臨時大總統職務，受聘為全國鐵路督辦，於 5 月回鄉探親。就在上圖那條曾經行醫的老街上，孫中山受到了家鄉父老的熱烈歡迎。

　　香港也有紀念孫中先生的紀念館，館中介紹了孫中山的生平事跡，以及在 19 世紀末至 20 世紀初的改革運動和革命活動中，香港所扮演的角色。

▲ 香港孫中山紀念館

第七章。

香山

新成就

　　上世紀 80 年代初，內地開始改革開放，具有商業頭腦的香山人又一次站在了改革的潮頭。珠海也從中山市分出，成立了珠海經濟特區，形成了珠江西岸新的行政區。得益於香山地區八十多萬旅居世界各地的海外僑胞、港澳台同胞，珠海和中山在改革開放的開始，就得到了強而有力的援助，在新時期創造出輝煌的成就。

廣東四小虎之一
——中山

●●中山市在改革之初，就將發展重心定位於輕工業，大力引進了港澳的資訊、訂單和技術支援，發展現代物流，促進企業北向全國市場發展。

中山現代輕工業的起步，是改造原市屬公有的企業，如凱達、威力、晨星等品牌，從而創造出工業發展史上的傳奇和神話。到了1988年，中山市的人均生產總值就超過 800 美元，成為全國第一批三十六個率先跨入小康水準的城市之一，有了「廣東四小虎」的讚譽。

隨後中山市政府大膽實施體制改革，激發了中山民營經濟的活力。短短數年間，中山民營企業數量迅速崛起，達到兩萬家之數，佔中山各類企業總數的三分之二，民營經濟佔據了半壁江山。

1998 年，中山再次提出「工業立市」戰略，以高起點整合建設工業園區，推動工業走上集約化發展之路，旨在打造中山的「名牌產品」。隨後，再次提升戰略為「工業強市」，由求大、求量轉型到求強、求質的發展道路。

今日的中山，已建立了 25 個國家級產業基地，13 個省級專業鎮和 7 個省級產業集羣升級示範區，成為廣東專業鎮密度最高的地級市。截至 2023 年，中山市的生產總值（GDP）已達到 3850.65 億元，人均 GDP 已邁過 1.1 萬美元關口。

▲ 中山古鎮國際燈飾中心

▎世界燈都 ▎

從上世紀 90 年代開始，中山的燈飾行業迅速崛起，全國的燈飾經銷商也逐漸雲集古鎮，帶來了先進的技術、先進的人才。而這時恰逢節能燈的興起，古鎮迅速出現了一大批代表着世界燈飾最高水準的燈廠。但他們並不滿足於以往的仿造產品，開始從事燈飾創造的新階段。如今古鎮不僅僅是中國燈飾的領頭羊，還成為了全球知名的「世界燈都」。

▎紅木產業 ▎

1278 年，南宋的最後抗元力量落腳於崖山，而宮廷木刻木雕技藝也帶到了廣東。因唐宋以來，廣東成為我國對外貿易和文化交流的重要門戶，大量海外的硬木木料輸入，讓廣東木工行業逐漸發展成為與京作、蘇作齊名的三大家具流派之一。其特點是用料寬大充裕，講求木性一致，一件器物用一種木料製成，紋飾雕刻深雋，刀法圓潤。

▲ 中國（大涌）紅木文化博覽城

改革開放後，以大涌和沙溪兩鎮為核心，以名貴木材設計製造的廣作家具歷經半個世紀的錘煉和積累，已形成中國最大的紅木家具產業集羣，行銷世界各地。上圖是中山最具特色的紅木文化綜合體。

醬園產業

中國是世界上最早掌握發酵技術的國家，在古代製作醬品的地方被稱為「醬園」或「醬坊」，南北方製醬的方法其實也有不同。香山是中國醬園的發祥地之一，醬業也曾是香山的核心產業之一，傳承着嶺南製醬的傳統工藝。廚邦醬油是中山醬園的代表產品。

▲ 中山廚邦醬油大曬場

最早建立的經濟特區之一 ——珠海

●●珠海經濟特區成立到現在雖然不到半世紀，但歷史上卻三次成為中國改革的試驗田，肩負着特殊的使命和責任。

▎香洲開埠 ▎

澳門對於香山地區來說，是一個非常重要且深受其影響的地方。在清末衰敗的時期，澳門變成需要防範又需要倚重的地方。

1841 年，清廷在珠海拱北獅子山修築了拉塔石炮台，並派兵駐守兼管關閘（澳門與珠海的陸路通道出入口之一）汛務，對澳門進行了防範。1849 年，澳葡當局攻佔了關閘，但被海防官員蔡國楨毅然領兵收復，成為抵禦葡萄牙人擴張的重要防線。

隨後，清廷開始鼓勵華僑和港澳商界回鄉投資。1909 年，香山的華僑和商團做了一次嘗試，他們決定在臨近澳門的沙灘環（今珠海市香洲區香埠路一帶）興建商業區，既推動發展，同時還能有效抵禦葡萄牙人的擴張。可惜這個商業區最終毀於 1912 年的一場大火。

▲ 在拉塔石炮台山上向南望不遠就是澳門市區

民國的「特區」

1931 年，唐紹儀兼任家鄉中山縣縣長，開始以唐家灣區域為中心建設「中山模範縣」，在廣納人才、招商引資、基本建設、事業發展、漁農振興等方面整體推進。核心是計劃開闢一個可以停靠萬噸巨輪的南國巨港，並對這個港口經行無稅口岸的規劃。但這次「模範縣」的建設還是沒有成功。

珠海經濟特區

1980 年 8 月，珠海市成為了中國最早開放的四個經濟特區之一。經過三次的面積擴充，珠海成為珠三角中海洋面積和海島面積最大、島嶼最多、海岸線最長的城市，擁有 146 個島嶼。下轄的拱北口岸是我國第二大陸路口岸，九洲口岸是我國最大的水路客運口岸。

改革開放四十多年來，珠海從一座落後的邊陲小鎮發展成為現代化花園式海濱城市。GDP 從 1980 年建立之初的 2.1 億元，增長到 2023 年的 4233.22 億元，充分發揮經濟特區「試驗田」和「窗口」的作用，帶動了珠江西岸優勢互補，共同發展。

▲ 唐家灣中的傳統祠堂

▼ 珠海最美的海灣及情侶路

第八章。

城市

地標

　　要了解一個城市，最快速的做法就是了解城市的地標。它們往往凝聚着城市的特色和歷史，甚至還通過其獨特的氣場和文化影響力，影響着人們對地標所在城市的「初印象」。

中山煙墩山文塔

▼ 煙墩山塔（又稱埠峯文塔）

●●煙墩山在古代原是南海的海防前哨之一，上有烽火台，每當發現海盜意圖來襲，即焚煙示警。明萬曆三十六年（1608 年），香山知縣蔡繼善接受了鄉紳們的提議，在這裏增建寶塔以改變香山貧困的風水。這座七層八角的磚塔，經歷了三百八十多年滄桑。登臨塔頂，可四周眺望，石岐城區風光盡收眼底。

在宋末，躲避元軍的民眾再一次從珠璣巷大規模南遷，同時也帶來了贛南地區濃郁的風水信仰（風水四祖師楊筠松、曾文辿、廖禹、賴布衣都是贛南人）。到了明代，這種風水信仰由皇室到民間愈發興起，「造風水，興科舉」被人們視為前後呈現因果關係的事件，朝廷出於科舉控制與教化的目的，也對修建「風水塔」一事推波助瀾。於是嶺南這一時期，各州縣都有修建這種樣式的塔。此後明清兩代，廣東中舉人數遠超前朝，百姓認為「文塔」效力非凡而愈加愛護。

中山詹園

●●詹園是一座近年修建的新園林，始建於 1998 年，是由園主黃遠新親自設計，聘請數百名蘇杭能工巧匠歷時五年建造，作為其母親頤養天年的靜心居所。2003 年，這座私家庭院的園林部分開始對外開放。

詹園以孝道文化為主題，兼及國學經典、禮樂射藝、漢字楹聯、琴棋書畫等。它又巧妙地把江南建築與嶺南建築融為一體，成為一座獨特的古典莊園式現代化建築羣，體現出傳統風格、工藝、佈局在新時代的傳承、發展和運用。

▲ 詹園後花園

中山市博物館

▲ 中山市博物館

●●中山市博物館是中山的重點人文工程。內有中山歷史陳列展館、中山華僑歷史博物館、香山商業文化博物館、中山收音機博物館等專題博物館。為和諧融合周邊環境,該館將園林、建築、歷史三者結合,通過「保留、改造、新建」,延續並恢復老城區歷史脈絡,為市民打造環境宜人、體現中山城市歷史記憶的公共文化場館。

珠海梅溪牌坊

●●梅溪牌坊是清光緒帝為表彰陳芳及其父母等人造福家鄉而賜建的，集西方之裝飾風格和傳統的中國建築結構為一體。牌坊中西合璧、巍峨壯觀、工藝華美，是華南地區罕見的古建築，也是珠海著名的十景之一。

▲ 梅溪牌坊

珠海斗門金台寺

●●金台寺環境優美、空氣清新。相傳當年宋軍在新會崖門抗元失敗後，承節侍郎趙時縱、大理寺丞龔行卿、翰林學士鄧光薦等人為了逃避元兵的追殺，逃到此處修建了金台寺。金台寺而後成為當地香火最旺的寺廟。

▲ 斗門金台寺

淇澳島

●●珠海東海岸的淇澳島通過淇澳大橋與陸地相連,是通往伶仃洋、跨海大橋的必經之道。淇澳島歷史悠久,擁有蘇兆徵故居、沙灣古遺址、白石街等古跡遺址,以及紅樹林濕地保護區、淇澳灣等自然風景區。

蘇兆徵是中國工人運動的先驅和著名領袖,中國共產黨早期歷史上極為重要的領導人之一。他在 1908 年就加入同盟會參加推翻滿清政府的革命運動。1917 年俄國十月革命時,身為海員的蘇兆徵隨船到俄國,接觸到馬克思主義。

▲ 紅樹林濕地

▲ 蘇兆徵故居

　　1921 年，蘇兆徵和林偉民等人在香港成立中華海員工會聯合總會，次年成為震驚中外的香港海員大罷工和省港大罷工的直接領導人。加入中國共產黨之後，他成為中國工人運動的著名領袖。1929 年因嚴酷的鬥爭環境，長期的忘我工作，積勞成疾而病逝。

　　淇澳島抗英禁煙保衛戰發生於 1833 年，是中國民眾自發武裝抗英禁煙取得的第一場勝利，意義十分重大。

▲ 淇澳島抗英遺址

珠海漁女雕像

●●珠海漁女雕像坐落於珠海風景秀麗的香爐灣畔，它的姿態優雅、神情喜悅，雙手高高擎舉一顆晶瑩璀璨的珍珠，向世界昭示光明。珠海漁女雕像在當地的地位跟美國紐約的自由女神像相若，是珠海市的象徵。

珠海大劇院

●●珠海大劇院採用世界先進聲、光學設計和舞台工藝設計建造而成，是珠江三角洲地區首個集高雅藝術殿堂、市民休閒場所、旅遊觀光勝地於一體的城市地標，也是中國唯一建設在海島上的大劇院。大劇院的外型由一大一小兩組「貝殼」組成，稱為「日月貝」，因抗風、耐腐、彎曲、圓滑等施工要求，總體難度超過了辦過奧運會的「鳥巢」(國家體育場)。

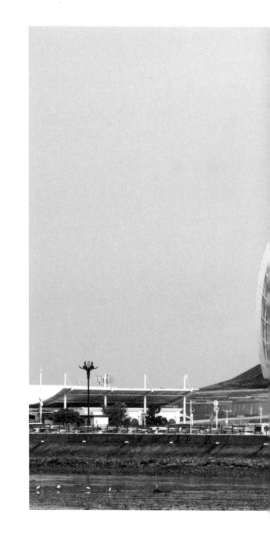

▲ 珠海大劇院

珠海博物館

●●珠海博物館有大小十幾個展館,展出珠海歷史名人事跡、歷史文物和藝術作品等展覽,為觀眾提供高品質的文化空間。在這裏,人們可以欣賞到珠海地區古代的歷史文化成就和燦爛的歷史遺存,是珠海文化交流的窗口和歷史文化展示的重要基地。

珠江縱隊司令部

●● 1938年10月，廣州市及南海、番禺、順德等縣相繼被日軍侵佔。各縣中共組織即發動羣眾，組織抗日武裝，開展游擊戰爭。活動區域遍及南海、番禺、中山、順德、三水、珠海、四會、廣寧等地，隨後為了整合力量，各游擊小隊以中山五桂山為中心，統一指揮對日的抗戰。留守中山、珠海的部隊以古氏宗祠為司令部組成了擁有三千多人的「珠江縱隊」，對敵作戰二百多次，殲敵三千三百多人，繳獲大批槍支彈藥及軍用物資。

▲ 珠江縱隊司令部

珠海斗門老街

●●斗門是西江的出海口之一,曾是香山南岸各類貨物的重要集散中心。這裏位於珠三角南岸,東臨西江,通達肇慶、梧州,甚至通過靈渠北連長江流域;西靠潭江,可以輻射到新會、開平。

這條老街在明代嘉靖年間就形成墟市,清中期達到最鼎盛時期。不僅是當時中西商貿文化交流的一個重要地點,還帶動周邊五鄉十八村的農副產品的銷售。1928 年突發一場大火,古街損失殆盡。

1932 年,居住在斗門墟內的加拿大建築工程師嘉理慰牧師牽頭,統籌建設了一條全長五百餘米的街道,形成今日中西合璧,包容並蓄的街道。

▲ 珠海斗門老街

第九章。

香山

味道

中山、珠海原為一體，環境都是靠山面海、淤積成陸。人口多源自粵北珠璣巷南遷的民眾或鎮守、屯田的軍士。飲食習慣喜吃海味水禽，烹調手法傳統。由於受澳門的影響，菜式和口味上還有西式的風格。來到中山、珠海，相信會讓老饕流連忘返。

菊花宴

●●中山，特別是小欖地區非常喜歡用菊花佐膳。在明朝的《嶺南雜錄》中就記載了好幾種菊花美食。應季時節百姓定會做上菊花宴，邀請親朋共用，「齒頰留香」。著名菜式包括菊花肉、菊花魚球、菊花魚頭羹、菊花八寶糯米飯、菊花水欖等。

> 笛聲何處起，問跡到松林。銀燭千重焰，黃花一洞金。
> 樓高塵不到，韻雅俗難侵。偷得忘憂樂，醉醒聊學吟。
>
> ——清・何煥章《挹翠樓宴菊》

·菊花糯米饭　　·菊花鱼头羹　　·菊花炸鱼球

▲ 菊花宴（攝於小欖民俗博物館）

九大簋

「九大簋」是珠三角一帶對盛宴的稱呼。簋，原本是古代貴族的祭器或食器，其數量多少、形狀大小可以表明身價地位。後來民間形容宴席豐盛，便說有九個大簋。在祝壽、嫁娶、開張、納福等重要時刻，常用九大簋來宴請高朋親眷。九大簋沒有固定菜式，各地的菜式也不盡相同，用的一般是農家新鮮食材，如家禽、豬肉、魚、蝦、蔬菜等。由於古代以牛耕田，所以九大簋中沒有牛肉。

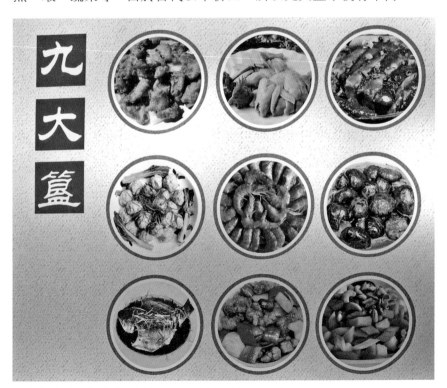

▲ 九大簋，最傳統的「鄉土」佳餚（攝於小欖民俗博物館）

石岐乳鴿

●●石岐乳鴿是廣東省很出名的中山美食。在上世紀初，中山的商業繁榮，借用往來之便從日本、澳洲引進了「欽麻鴿」和「澳洲地鴿」，再和中山本土的優質品種雜交，培育出獨特的品種。

石岐的乳鴿以體形大、胸肉厚、肌肉飽滿、肉質嫩滑爽口而飲譽省港澳，燒乳鴿、生炸鴿、滷水鴿等都有不同風味。在色、香、味俱全之外，還可兼作藥用食療。澳門佛笑樓就以紅燒石岐乳鴿而享譽了五十多年。

▼ 石岐乳鴿

黃圃臘味

●●黃圃臘腸其實最早出現在一個賣粥檔,檔主王洪在清光緒十二年(1886年)將沒有賣完的豬肉、豬肝、粉腸用酒、鹽、糖、醬油醃漬。誰知此後連天陰雨,王洪只能將材料塞入腸衣用水草分截綁好。數日的風乾後,竟然得到了這種別有風味,且耐儲藏的新製品,拿去檔口銷售竟然供不應求。於是黃圃人爭相仿製,做法推陳出新,形成一套獨特的配方和加工方法。自此,黃圃臘味聞名於世。

▼ 黃圃臘味

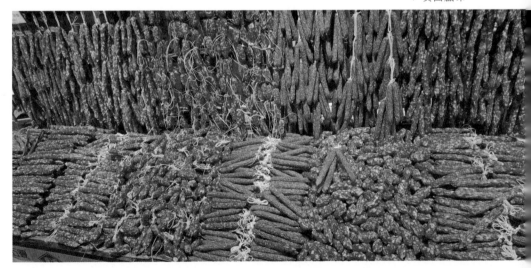

燒禾蟲

●●禾蟲生活在鹹淡水交界處稻田的表土層裏，以腐爛的禾根為食。其形體像蜈蚣，可是牠的腳比蜈蚣還要多，更有趣的是牠身上可隨時交替變換各種鮮豔的顏色，不過煮熟後就呈蛋黃色了。禾蟲鮮美甘香、爽脆可口，富含蛋白質，還能滋陰健脾、暖身除濕，堪稱是人間「絕味」。珠海的燒禾蟲主要是由禾蟲、香菇、豬頭等烹製而成，做好的燒禾蟲色澤金黃，牠的個頭雖小，卻營養美味、味道鮮美，是許多廣東人喜愛的一道珍饈。

▲ 燒禾蟲

橫琴蠔

▲ 珠海盛產各種「海貨」

●●橫琴是珠海市最大的一個海島,而橫琴蠔就是珠海聞名全國的一大美食。因橫琴島四面環海,在鹹淡水的交界處,溫度適宜、水質乾淨,所以產出的橫琴蠔肥碩鮮美,味道清甜,有着「一大、二肥、三白、四嫩、五脆」的特點。這裏的蠔還有着「海上牛奶」的美稱,享譽海內外。

黃金鳳鱔

●●黃金鳳鱔又名青鱔、鰻鱺、河鱔，是珠海斗門區比較名貴的一種鱔魚，農曆八月至十月是鳳鱔收穫的季節。產於斗門井岸鎮黃金村海灣的鳳鱔最佳，肉多刺少、體肥肉嫩，人稱「水中人參」。

鳳鱔既可清蒸，又可紅燒。清蒸時，先去內臟，再去頭尾，用刀切 2 至 4 厘米長連接不斷的小段，放在碟上屈曲成蟠龍狀，然後加入黃酒、薑、蔥、油等佐料，蒸煮後即可食用，其味既嫩又鮮且肥，十分可口。紅燒時，則將切成小段的鳳鱔，先下油鍋炸成金黃色，撈出後在另一鍋子放入油、白糖、醬油等佐料炒成棗紅色時，再將炸好的魚段倒入，燒熟後放上筍片、香菇等配料，再用水澱粉勾芡，淋上熟油後即可食用，其味油而不膩，香嫩可口。

◀ 蟠龍鱔

斗門重殼蟹

●●每一個沿海城市都能吃到美味的海蟹，珠海也不例外。斗門的重殼蟹，也叫松殼蟹，是一種比較罕見的海鮮。舊殼將脫、新殼未成時期的蟹更是蟹中珍品。這種蟹色澤光亮、肉質嫩滑、肉厚膏黃，含有豐富的蛋白質，且蟹肉特別容易分離，是一道絕佳的滋補佳餚，成為珠海的四大美食之一。

▲ 斗門重殼蟹

橫山鴨紮包

●●●橫山街是新會縣和中山縣的交界之處,人口較集中,商鋪食店成行,是當地有名的商品集散地,被譽為「小澳門」。清光緒年間,葉氏祖先從新會三江遷居橫山村,並帶來了製作鴨紮包的技藝。自此橫山鴨紮包成為珠海市的一道著名傳統美食,而被列入廣東省級非遺名錄。鴨紮包是統稱,其中包括鴨腳包、鴨下巴包(又稱鴨下鏟包)和鴨翼包,分別把醃製好的臘鴨腳、臘鴨下巴和臘鴨翼,與臘鴨肝、臘鴨腸和臘鴨肉捆紮在一起。蒸熟後臘味飄香,咬着吃很有韌性,別具風味。

▲ 橫山鴨紮包(攝於斗門老街「趙氏鴨紮包」)

脆肉鯇

●● 1963 年東莞的長江水庫建成，由於當時工程緊迫，庫區的十一個村落的房屋未有完全拆除就被淹沒在水庫中。幾年之後，潛水員下水檢查時，驚奇地發現水下的村屋成為了水庫魚的安樂窩，尤其是鯇魚，體形遠比尋常要大。他們捕獲幾條蒸熟分食，意外地發現肉質緊實，口感極佳。

▲ 脆肉鯇

在十數年人工刻意培殖下，終於讓鯇魚爽脆鮮美的特點穩定下來。尤其是用附近盛產的高蛋白蠶豆作為飼料讓「脆肉鯇」愈加出色。隨後，東升鎮開始引入養殖。至 1987 年前後，東升脆肉鯇開始享譽嶺南，如今衍生的菜式已過千款，讓各地的食客讚歎不已。

穿越歷史
遊灣區

中山·珠海

十字洋開，商貿匯流

小白楊工作室 / 策劃

陳萬雄 / 主編　　劉集民 / 編撰

責任編輯　　余雲嬌　楊紫東
裝幀設計　　Sands Design Workshop
排　　版　　Sands Design Workshop
印　　務　　劉漢舉

出　　版　　中華教育
　　　　　　香港北角英皇道 499 號北角工業大廈 1 樓 B
　　　　　　電話：(852) 2137 2338　傳真：(852) 2713 8202
　　　　　　電子郵件：info@chunghwabook.com.hk
　　　　　　網址：http://www.chunghwabook.com.hk

發　　行　　香港聯合書刊物流有限公司
　　　　　　香港新界荃灣德士古道 220-248 號
　　　　　　荃灣工業中心 16 樓
　　　　　　電話：(852) 2150 2100　傳真：(852) 2407 3062
　　　　　　電子郵件：info@suplogistics.com.hk

印　　刷　　新精明印刷有限公司
　　　　　　香港香港仔大道 232 號城都工業大廈 10 樓

版　　次　　2024 年 7 月第 1 版第 1 次印刷
　　　　　　©2024 中華教育

規　　格　　16 開（230mm x 160mm）

I S B N　　978-988-8862-54-2